ARREST
DV CONSEIL
D'ESTAT

Pour le reglement des Monnoyes.

Du 7. Mars 1653.

A PARIS,

Chez SEBASTIEN CRAMOISY, Im-
primeur ordinaire du Roy, & de la
Cour des Monnoyes

M. DC. LIII.

Auec priuilege de sa Maiesté.

ARREST
DV CONSEIL
D'ESTAT
Pour le reglement des Monnoyes.

Du 7. Mars 1653.

A PARIS,

Chez SEBASTIEN CRAMOISY, Im-
primeur ordinaire du Roy, & de la
Cour des Monnoyes

M. DC. LIII.

Auec priuilege de sa Maiesté.

EXTRAICT DES REGISTRES
du Conseil d'Estat.

L E Roy s'estant fait representer en son Conseil ses Lettres de Declaration du vingt-troiſiéme de Mars mil ſix cens cinquante - deux , regiſtrées à la Cour des Monnoyes le quatriéme Avril enſuiuant : par leſquelles & pour les conſiderations

y contenuës, ſa Maieſté
a décrié de tout cours &
miſe tous les Reaux d'Eſ-
pagne, tant ceux du Pe-
rou qu'autres, les Quarts-
d'écus legers & de poids,
Teſtons & autres mon-
noyes blanches, enſem-
ble toutes les eſpeces d'or
eſtrangeres, à la reſerue
des Piſtoles d'Eſpagne ſeu-
lement, auec tres-expreſ-
ſes defenſes à toutes per-
ſonnes, d'expoſer ny re-
ceuoir les Loüis d'or à
plus haut prix que dix liures, les Eſcus d'or que
cinq liures quatre ſols;

les Loüis d'argent à plus
de trois liures, & les di-
minutions à proportion,
à peine de confifcation,
de mille liures d'amende
pour la premiere fois, &
de punition corporelle
pour la feconde, felon
qu'il eft porté par lefdites Lettres de Declara-
tion. Et confiderant fa
Maiefté, que l'inexecu-
tion d'icelles caufée par
les mouuemens furuenus
en l'année derniere, a
produit vn tel defordre
dans l'expofition des monnoyes, qu'elles fe pren-

A iij

nent par tout à des prix exceſſifs, & en diuers lieux à des prix differents ; ce qui met vne confuſion dans le commerce, & arreſte tous les payemens, au grand preiudice des affaires de ſa Maieſté & de ſes Suiets : Voulant y pouruoir en remettant leſdites monnoyes au prix porté par leſdites Lettres de Declaration, & neantmoins ordonner la reduction deſdites eſpeces en pluſieurs termes, afin que comme ſeſdits Suiets ont profité inſenſiblement de l'augmentation qui a esté faite d'icelles , ils en supportent la diminution de la mesme sorte.

SA MAIESTE' estant en son Conseil , a ordonné & ordonne , que lesdites Lettres de Declaration du vingt - troisiéme de Mars mil six cens cinquante-deux , seront executées selon leur forme & teneur : & neantmoins pour diminuer en quelque façon la perte que souffriroient ses Suiets , pour auoir receu lesdites especes à plus haut prix ; per-

met ſadite Maieſté , d'expoſer & receuoir du iour
& datte de la publication
du preſent Arreſt iuſqu'-
au dernier Iuin prochain,
les Loüis d'or à douze liures , les Eſcus d'or à ſix
liures quatre ſols, les Piſtoles d'Eſpagne à onze
liures ſeize ſols, & les Eſcus Loüis d'argent à trois
liures dix ſols. Et depuis
ledit iour dernier Iuin iuſqu'au dernier Septembre
enſuiuant ſa Maieſté veut
& entend que les Loüis
d'or ne puiſſent eſtre expo-
ſez qu'à onze liures dix ſols,

les

les Efcus d'or à cinq li-
ures dix-neuf fols, les Pi-
ftoles d'Efpagne à onze
liures fix fols, & les Efcus Loüis d'argent à trois
liures neuf fols. Depuis ledit iour dernier Septem-
bre iufqu'au dernier De-
cembre prochain , les
Loüis d'or à onze liures,
les Efcus d'or à cinq li-
ures quatorze fols, les Pi-
ftoles d'Efpagne à dix liures feize fols, & les Efcus Loüis d'argent à trois
liures fix fols. Depuis ledit iour dernier Decem-
bre iufqu'au dernier Mars

B

mil six cens cinquante-
quatre, les Loüis d'or à
dix liures dix sols, les Escus d'or à cinq liures neuf
sols, les Pistoles d'Espa-
gne à dix liures six sols,
les Escus Loüis d'argent
à trois liures trois sols. A-
prés lequel temps les Loüis
d'or ne pourront estre ex-
posez que pour dix liures,
les Escus d'or pour cinq
liures quatre sols, les Escus Loüis d'argent pour
trois liures, & les dimi-
nutions desdites especes
tant d'or que d'argent à
proportion. Faisant sa-

dite Maiesté tres-expref-
fes defenfes à toutes per-
fonnes de quelque qua-
lité & condition qu'elles
foient, d'expofer ny receuoir lefdites efpeces pen-
dant ledit temps, & à l'a-
uenir, à plus haut prix que
celuy cy-deffus fpecifié,
à peine de confifcation
defdites efpeces, trois mil
liures d'amende applica-
bles aux Hofpitaux pour la
premiere fois, & de punitió
corporelle pour la fecóde.
Leur faifant auffi fadite
Maiefté tres-expreffes defenfes d'expofer ny rece-

uoir les Reaux d'Eſpagne
tant du Perou qu'autres,
les Quarts-d'eſcus legers
& de poids, Teſtons & au-
tres monnoyes blanches,
enſemble toutes les eſpe-
ces d'or eſtrangéres dé-
criées de tout cours & miſe par ſeſdites Lettres de
Declaration, ſur les meſ-
mes peines : leſquelles eſpeces décriées ſeront in-
ceſſamment portées és
Monnoyes de ſadite Maie-
ſté, pour y eſtre conuer-
ties en eſpeces de Loüis
d'or & d'argent, confor-
mément aux Declarations

de sa Maiesté. Enioignant
aux Officiers de sa Cour
des Monnoyes, Baillifs &
Senéchaux, Preuosts, leurs
Lieutenans & autres Offi-
ciers, de tenir la main à
l'execution du present Arrest, qui sera executé non-
obstant touts Arrests &
Lettres à ce contraires.
Fait au Conseil d'Estat du
Roy, sa Maiesté y estant,
tenu à Paris le septiéme
Mars 1653. Signé, DE GVE-
NEGAVD.

LE Samedy 8. Mars 1653.
l'Arrest du Conseil d'Estat

cy-deſſus a eſté leu, & publié à ſon de trompe & cry public, en tous les Carrefours ordinaires & extraordinaires, places & lieux accouſtumez à faire cry, & proclamations en cette Ville & Faux-bourgs de Paris, par moy Charles Canto Iuré Crieur ordinaire du Roy, en la Ville Preuoſté & Vicomté de Paris; faiſant laquelle publication, i'eſtois accompagné de trois Trompettes, Iean du Bos, Iacques le Frain, & Eſtienne Chappes dit la Chappelle, Iurez Trompettes de ſa Maieſté eſdits lieux.

Signé, CANTO.

Collationné à l'original par moy Conſeiller Secretaire du Roy, Maiſon, Couronne de France, & de ſes Finances.